BEI GRIN MACHT SICH IHR WISSEN BEZAHLT

Analyse und Makrozyklusplanung im Kraftsport

Caralina Tisch

Bibliografische Information der Deutschen Nationalbibliothek:

Die Deutsche Nationalbibliothek verzeichnet diese Publikation in der Deutschen Nationalbibliografie; detaillierte bibliografische Daten sind im Internet über http://dnb.d-nb.de abrufbar.

ISBN: 9783346691415
Dieses Buch ist auch als E-Book erhältlich.

Druck und Bindung: Books on Demand GmbH, Norderstedt Germany
Gedruckt auf säurefreiem Papier aus verantwortungsvollen Quellen

Das vorliegende Werk wurde sorgfältig erarbeitet. Dennoch übernehmen Autoren und Verlag für die Richtigkeit von Angaben, Hinweisen, Links und Ratschlägen sowie eventuelle Druckfehler keine Haftung.

Das Buch bei GRIN: https://www.grin.com/document/1254746

Deutsche Hochschule für

Prävention und Gesundheitsmanagement

Hermann Neuberger Sportschule 3

66123 Saarbrücken

Einsendeaufgabe

Fachmodul: Trainingslehre I

Studiengang: Fitnessökonomie

Datum
Präsenzphase: 07.10.2019-10.09.2019

Name, Vorname: Tisch, Caralina Viktoria

Studienort: **Stuttgart**

Semester: **SS 2019**

Inhaltsverzeichnis

Abkürzungsverzeichnis

1-RM-Test	Maximalkrafttest
bzw.	beziehungsweise
ca.	circa
cm	Zentimeter
EP	Effects of Pain
et. al.	et alia
FFbH-R	Funktionskapazität des Rückens
GK	Ganzkörpertraining
ILB-Methode	Individuelle Leistungsbild-Methode
KFZ	Kraftfahrzeug
kg	Kilogramm
KG	Kontrollgruppe
LKW	Lastkraftwagen
m	Meter
min.	Minuten
mind.	mindestens
MKT	Medizinische Kräftigungstherapie
mmHg	Millimeter Quecksilbersäule
o. J.	ohne Jahr
ODI	Oswestry Disability Index
PS	Pain Severity
S.	Seite
s.	Sekunden
SF-16	subjektive Gesundheit
Tab.	Tabelle
vgl.	vergleiche
X-RM-Test	Mehrwiederholungskrafttest

1 Einleitung

1.1 Einführung und Zielsetzung

„You don't have to be great to start, but you have to start to be great." (Zig Ziglar, o. J.)

Morgens sich aus dem Bett kämpfen. Sich langsam aber sicher ins Bad schleppen, um sich frisch zu machen und unter der Dusche wach zu werden. Danach sich eine Tasse Kaffee durchlassen und hoffen, dass dieser schnellstmöglich wirkt, um die Nacht hinter sich zu lassen und halbwegs fit in den Tag zu starten – doch es geht auch anders!

Morgens aufstehen und sich direkt fit und vital fühlen. Nach der erholsamen Nacht voller Energie in den Tag starten. In den Spiegel sehen und sich rundum in seiner Haut wohl-fühlen. Im Großen und Ganzen mit sich zufrieden sein, Tag für Tag – dieses Gefühl wün-schen sich die meisten Menschen.

Um sich ebenfalls ausgeglichen zu fühlen, muss man anfangen sein Leben zu ändern. Dabei hilft ein maßgeschneiderter Trainingsplan. Schon bei Anfängern hilft ein Trai-ningsplan, um sein gesetztes Ziel zu erreichen. Vollgas zu geben und sich Woche für Woche zu steigern.

1.2 Vorgehensweise

Die vorliegende Hausarbeit gliedert sich in insgesamt sechs Kapitel. Im zweiten Kapitel werden die allgemeinen und biometrischen Daten der Person aufgeführt. Dabei wird kurz eine Bewertung der Daten im Hinblick auf die Belastbarkeit bzw. Trainierbarkeit der Per-son durchgeführt. Anschließend werden im dritten Kapitel drei Ziele auf Basis der Diag-nosedaten festgelegt, um ein Trainingsplan zu erstellen. Kapitel vier setzt sich mit der Thematik der Trainingsplanung Makrozyklus auseinander. Hier wird eine langfristig Trainingsplanung für das Krafttraining erstellt. Inhalt des fünften Kapitels ist, die meso-zyklische Trainingsplanung. Dabei werden Aspekte wie Zyklusdauer, spezifisches Trai-ningsziel oder Trainingseinheiten pro Woche berücksichtigt. Abschließend wird im sechsten Kapitel auf die Literaturrecherche eingegangen. Hier werden zwei wissenschaft-liche Studien vorgestellt.

2 Diagnose

2.1 Allgemeine und Biometrische Daten

2.1.1 Allgemeine und biometrische Daten

Tab. 1: Allgemeine Daten (Eigene Darstellung 2019)

Alter	22 Jahre
Geschlecht	Männlich
Körpergröße	1,85 m
Körpergewicht	74 kg
Oberarmumfang	32 cm
Oberschenkelumfang	54 cm
Trainingsmotive	Körperformung, Kraftsteigerung um im Berufsalltag besser zurecht zu kommen und Gewichtszunahme
Berufliche Tätigkeit	KFZ - Mechatroniker
Aktuelle und frühere sportliche Aktivitäten	Frühere: Fußball 5 Jahre lang mit jeweils 2 Mal die Woche Training Aktuell: keine sportlichen Aktivitäten
Leistungsstufe	Beginner
Zeitliche Verfügungsrahmen	2 – 3 Mal pro Woche, 1-2 Stunde
Allgemeiner Gesundheitszustand	In keiner ärztlichen Behandlung, sowie keine Einnahme von Medikamenten
Gesundheitliche Einschränkungen	Keine gesundheitlichen Einschränkungen
Blutdruck	118 mmHg zu 79 mmHg

Tab. 2: Blutdruckklassifikation der American Heart Association (modifiziert nach Mancia et al., 2013, S. 1286)

Bewertungsstufe	Systolischer Blutdruck	Diastolischer Blutdruck
Normblutdruck (Normotonie)		
optimal	unter 120 mmHg	unter 80 mmHg
normal	unter 130 mmHg	unter 85 mmHg
hochnormal	130-139 mmHg	85-89 mmHg
Bluthochdruck (arterielle Hypertonie)		
Stufe 1	140-159 mmHg	90-99 mmHg
Stufe 2	160-179 mmHg	100-109 mmHg
Stufe 3	> 180 mmHg	> 110 mmHg

2.1.2 Bewertung der allgemeinen und biometrischen Daten

Laut der allgemeinen und biometrischen Daten, bringt die Person gute Voraussetzungen für ein Krafttraining mit. Die Person besitzt keinerlei Einschränkungen, ist in keiner ärztlichen Behandlung und nimmt keine Medikamente zu sich, somit ist diese Person voll belastbar. Aufgrund der früheren sportlichen Aktivitäten, bringt die Peron eine gewisse sportliche Erfahrung mit ins Training. Der systolische, sowie der diastolische Wert liegt im optimalen Bereich (vgl. Tab. 2: American Heart Association, Manica et al., 2013, S. 1286) und stellt somit keine Probleme für die Trainingsgestaltung dar.

2.2 Krafttestung

2.2.1 Testablauf

Tab. 3: Mehrwiederholungskrafttest (Testablaufschema nach Zimmer, 1999, S. 45-47)

Mehrwiederholungskrafttest (X-RM-Test)	
1.Schritt	Allgemeines und spezielles Aufwärmen
2.Schritt	1. Testsatz:
	- Testgewicht Latzug: Frauen 20 %, Männer 30 % des Körpergewichtes
	- Testgewicht Bankdrücken: Frauen 30 %, Männer 50 % des Körpergewichtes
	- Testgewicht Beinpresse: Frauen 100 %, Männer 125 % des Körpergewichtes
3.Schritt	2. und bei Bedarf 3. Testsatz (nach jeweils 3 Min. Pause):
	Steigerung der Gewichtslast um 5 %,10 % oder 25 % je nach subjektivem Belastungsempfinden der Probanden
4.Schritt	Umsetzung des Testergebnisses in die Trainingsplanung

Angesicht dessen, dass die Person keinerlei Erfahrung am gerätegestützten Krafttraining mitbringt, fiel die Entscheidung auf einen Mehrwiederholungskrafttest (X-RM-Test). Die Belastung bei einem Maximalkrafttest (1-RM-Test) wäre für ein Beginner zu hoch. Zu Beginn der Krafttestung wird eine Wiederholungszahl ausgesucht, mit der im folgenden Mesozyklus auch trainiert wird (Strack & Eifler, 2005). Hier hat man sich für die Wiederholungszahl von 20 entschieden, die laut Grobraster der ILB-Methode im mittleren Bereich des Kraftausdauertrainings liegt. Anschließend wird mit der festgelegten Wiederholungszahl der Krafttest durchgeführt. Die Person startet mit der allgemeinen Aufwärmung am Crosstrainer. Die Aufwärmung am Crosstrainer wird zehn Minuten lang

3

absolviert, dabei soll die Herzfrequenz bei ca. 138 Schläge pro Minute liegen. Hierbei wird das Herz-Kreislauf-System erwärmt, die Körpertemperatur und Durchblutung erhöht und zugleich die Muskulatur bewegt. Anschließend folgt die spezielle Aufwärmung der einzelnen Muskelgruppen. Hierzu wird ein Gewicht festgelegt, von den man ausgeht, dass die Person diese ohne Ermüdung schaffen würde. Ziel dieser speziellen Aufwärmung ist es, die entsprechende Muskulatur und die Gelenkstruktur zu erwärmen und zu aktivieren, somit wird die Verletzungsgefahr vermindert. Im nächsten Schritt findet der Test statt. Bei der Auswahl der Gewichte orientiert man sich an Zimmer (1999) und an Eifler (2000). Bei der Übung „Latzug vertikal zum Nacken" wurde ein Gewicht ausgewählt, das 30 % des Körpergewichts der Person entspricht (Zimmer, 1999, S. 46). Bei der Übung „Beinpresse" wurde 125 % des Körpergewichts gewählt (Eifler, 2000, S. 69) und bei der Übung „Bankdrücken" wird ein Gewicht von 50 % des Körpergewichts verwändet (Eifler, 2000, S. 69). Bei den anderen Übungen wird das Gewicht nach der subjektiven Einschätzung des Trainers gewählt. Zwischen den einzelnen Testsätzen wird eine Pause von drei Minuten gemacht (vgl. Tab.3). Wenn die Person bei einer Übung die 20 Wiederholungen ohne Probleme absolviert hat, wird das Gewicht je nach subjektivem Empfinden der Person, um 5 %, 10 % oder 25 % erhöht oder gesenkt. Ziel ist es, nach allen drei Testsätzen ein Gewicht zu finden, bei dem die 20 Wiederholungen korrekt ausgeführt werden.

2.2.2 Testergebnisse

Tab. 4: Ergebnisse der Krafttestung (Eigene Darstellung 2019)

Übung	Wiederholungen	1.Testsatz	2.Testsatz	3.Testsatz	Endgewicht
Langhantel-Kniebeuge	20 Wiederholungen	50 kg	65 kg	75 kg	75 kg
Kreuzheben mit der Langhantel	20 Wiederholungen	75 kg	80 kg	85 kg	80 kg
Military Press mit der Langhantel im Stehen	20 Wiederholungen	55 kg	60 kg	70 kg	60 kg
Latzug vertikal zum Nacken am Kabelzug	20 Wiederholungen	22,5 kg	45 kg	50 kg	50 kg

45-Grad Bein-presse	20 Wiederho-lungen	92,5 kg	110 kg	130 kg	130 kg
Bankdrücken an der Multi-presse	20 Wiederho-lungen	35 kg	40 kg	55 kg	55 kg
Ruderma-schine (enger neutraler Griff)	20 Wiederho-lungen	40 kg	45 kg	50 kg	45 kg
Butterfly Re-verse an Gerät (neutraler Griff)	20 Wiederho-lungen	45 kg	50 kg	65 kg	65 kg

2.2.3   Schlussfolgerung

Ein interindividueller Leistungsvergleich und der Vergleich von Referenz- bzw. Norm-werte zwischen mehreren Personen ist bei dem Mehrwiederholungskrafttest nicht gege-ben. Der Grund hierfür sind interne und externe Faktoren, die große Einflüsse auf den Krafttest haben. Einen interindividuellen Leistungsvergleich kann man erzielen, wenn die Testrahmenbedingungen, die Testmethoden und die Testabläufe standardisiert werden. Die Möglichkeit der Ableitung von Trainingsintensitäten ist durch die ILB-Methode (vgl. Tab.5) einfach. Die Intensität wird hier anhand des Trainingsalter des Trainierenden ab-geleitet und wurde extra für den kommerziellen Fitness- und Gesundheitssport entwickelt (Barteck & Elsner, 1998; Eifler, 2000; Strack, 1999; Strack & Eifler, 2005).

Tab. 5: Grobraster zur Trainingsplanung nach der ILB-Methode (modifiziert nach Strack & Eifler, 2005, S. 153)

Leistungs-stufe	Zeitstufe (Monate)	Organisati-onsform	Einheiten/ Woche	Übun-gen/Mus-kel	Sätze/ Übungen	Intensität in % ILB
Orientie-rungsstufe	0–1,5	GK	2	1–2	1–2	gering
Beginner	1,5–6	GK	2	1–2	1–2	50–70
Geübter	6–12	GK	2–3	1–2	2	60–80
Fortge-schrittener	>12	GK/ Split	3–4	1–3	2–3	70–90

Leistungs-trainieren-der	>36	GK/ Split	3–6	1–4	2–4	80–100

3 Zielsetzung/Prognose

3.1 Zielsetzung

Tab. 6: Zielsetzung (Eigene Darstellung 2019)

Inhalt	Ausmaß	Zeit
Steigerung des Körperge-wichts durch Muskelaufbau	5 kg mehr Muskelmasse	6 Monate
Körperformung	Vergrößerung der Oberarme und Oberschenkel um 3 cm	6 Monate
Kraftsteigerung	Verbesserung des X-RM-Tests mit 20 Wiederholungen um 15 %	6 Monate

3.2 Prognose

Die Zielsetzung ergibt sich aus den Trainingsmotive der Person. Da die Person keinerlei Einschränkungen besitzt, ist sie voll belastbar. Durch die konkreten Vorstellungen was sie gerne erreichen möchte, kann man davon ausgehen, dass das Training regelmäßig durch-geführt werden kann und die Ziele innerhalb der sechs Monaten erreicht werden können. Das erste Ziel der Person ist die Gewichtszunahme durch Muskelaufbau von 5 kg, dies kann bei Beginner schnell realisiert werden. Das zweite Ziel ist die Körperformung. Die Person möchte eine Vergrößerung der Oberarme und Oberschenkel um jeweils 3 cm. Durch gezielte Übungen für die Oberarme und Oberschenkel wird das Ziel auch realisier-bar. Das letzte Ziel ist die Kraftsteigerung, um im Berufsalltag als KFZ-Mechatroniker besser zurecht zu kommen. Die Kraft soll in den sechs Monaten um 15 % in dem 20-RM-Test gesteigert werden.

4 Trainingsplanung Makrozyklus

4.1 Makozyklus

Tab. 7: Makrozyklus (Eigene Darstellung 2019)

Spezifisches Trainingsziel	Kraftausdauertraining		Muskelaufbautraining (Extensiv)		Muskelaufbautraining (Intensiv)		Maximalkraft	
Zyklusdauer	ILB-Test mit 20 Wiederhollungen	6 Wochen	ILB-Test mit 12 Wiederholungen	8 Wochen	ILB-Test mit 8 Wiederholungen	8 Wochen	ILB-Test mit 5 Wiederholungen	6 Wochen
Einheiten/Woche		2 Einheiten		2 Einheiten		2 Einheiten		2 Einheiten
Organisationsform		GK/ Station		GK/ Station		GK/ Station		GK/ Station
Übungen/Muskel		1–2		1–2		1–2		1–2
Sätze/Übung		1–2		1–2		1–2		1–2
Satzpause		60 s.		60 s.		60 s.		90 s.
Wiederholungszahlen		20		12		8		5
Intensitäten		50–70 %		50–70 %		50–70 %		50–70 %
Bewegungstempo		2/0/2		2/0/2		2/0/2		2/0/X

4.2 Auswahl der Krafttrainingsmethode – Individuelle Leistungsbild-Methode

Das erste spezifische Trainingsziel ist die Kraftausdauer. Da die Person eine etwas andere Belastung vom Fußballspiel gewohnt ist, muss sie in den ersten sechs Wochen langsam an das Training herangeführt werden, um keine Überlastung zu provozieren. Bei diesem Mesozyklus wird eine Wiederholungszahl von 20 gewählt, die laut dem Grobraster der ILB-Methode (vgl. Tab.5: Grobraster zur Trainingsplanung nach der ILB) im mittleren Bereich des Kraftausdauertraining liegt. In den ersten Wochen ist die Belastungsintensität bei 50 % und steigert sich in den folgenden Wochen langsam bis am Ende des Mesozyklus 70 % erreicht sind. Dieser Prozess der Belastungssteigerung wird in jedem Mesozyklus durchgeführt, um die Leistung der Person zu steigern. Im Anschluss an diesen sechswöchigen Kraftausdauertraining beginnt der nächste Mesozyklus. In diesem zweiten Zyklus, der acht Wochen dauert, beginnt die Peron mit dem Muskelaufbautraining. Bei dem extensiven Muskelaufbautraining legt man den Fokus auf eine höhere Wiederholungszahl und eine eher geringere Intensität. Nach den acht Wochen kommt der nächste Mesozyklus, das intensive Muskelaufbautraining, der auch acht Wochen lang absolviert wird. Hier wird der Fokus eher auf die etwas niedrigere Wiederholungszahl und die höhere Intensität gesetzt, um die Person für die Maximalkraft zu gewöhnen. Im Anschluss wird darauf das Maximalkrafttraining mit einer niedrigen Wiederholungszahl und einer hohen Intensität absolviert. Da die Person keine Einschränkungen besitzt, kann man sie im Training immer voll belasten. Vor jedem neuen Mesozyklus wird ein Mehrwiederholungskrafttest gemacht, da sich bei jedem Mesozyklus die Intensitäten und die Wiederholungszahlen ändern. Dieser Mehrwiederholungskrafttest dient als Ermittlung der Referenzgrößen für die Berechnung der Trainingsintensität (Eifler, 2000, 2013; Zimmer, 1999). Die Belastungsparameter Einheiten/ Woche, Übungen/ Muskelgruppe, Sätze/ Übung und Intensität ergeben sich aus dem Grobraster zur Trainingsplanung nach der ILB-Methode (vgl. Tab.5). Diese Belastungsparameter orientieren sich nach dem Trainingsalter der Person (Eifler, 2000; 2013; Strack & Eifler,2005). Die Person wird als Beginner eingestuft, da sie in der Anamnese angegeben hat, keine Trainingserfahrung zu haben. Durch das fünf Jahre lange Fußballspiel, ist die Person eine gewisse Anstrengung gewohnt, deswegen wird die Person nicht in die Orientierungsstufe eingeteilt. Bei der Makrozyklusplanung wurden zwei Trainingseinheiten pro Woche gewählt, da Laut der Studie von Wirth, Aatzor und Schmidtbleicher (2007) schon eine Trainingseinheit pro Woche zu signifikanten Muskelmassezuwachs führen kann. Jedoch werden bei zwei Einheiten höhere Ergebnisse erzielt. Da man am Besten eine Muskelgruppe zweimal pro Woche trainieren soll, ist ein Ganzkörpertraining dafür gut geeignet. Durch die Angaben der Person in der Anamnese, wie oft er in der Woche trainieren kann, stellt dies keine Probleme da. Die Person gab in der Anamnese an, dass sie 1–2 Stunden für das Training investieren kann. Nach der ILB-Methode (vgl. Tab.5) ergeben sich 1–2 Übungen pro Muskelgruppe mit jeweils 1–2 Sätzen pro Übung. Dies führt dazu, dass die Person nicht länger als zwei Stunden im Training ist und sich keine Sorgen machen muss, ob er das Training in seiner verfügbaren Zeit hinbekommt. Die Wiederholungszahl ändert sich nach jedem Mesozyklus. Die Gründe hierfür sind die Trainingsziele, die sich in jedem Mesozyklus verändern, zusätzlich möchte man neue Trainingsreize setzen um die Monotonie zu verhindern. Die Intensität bei Beginner liegt nach der ILB-Methode bei 50–70 % (vgl. Tab. 5). Die Empfehlung für die Belastungsdauer von Fröhlich, Schmidtbleicher und Emrich (2002b) liegen bei dem Maximalkrafttraining unter 15 Sekunden, bei dem Hypertrophietraining ist die Belastungsdauer bei 20–50 Sekunden und bei dem Kraftausdauertraining liegt die Belastungsdauer bei 50–120 Sekunden. Dadurch kommt es bei dem Hypertrophie- und dem Kraftausdauertraining zu einem Bewegungstempo von 2/0/2. Bei dem Maximalkrafttraining ergibt das Bewegungstempo 2/0/X, wobei das X für Explosiv steht. Als Periodisierung wurde eine modifizierte Blockperiodisierung gewählt. Bei dieser Periodisierung nimmt die Wiederholungszahl ab, die Intensität zu und es kommt in jedem Mesozyklus zum Wechsel der Trainingsziele. Vorteil dieser Periodisierung ist, dass sie auf eine Maximierung der Kraftleistung abzielt und die Kraftleistung sich als effektiver beweisen (Prestes, Lima, Frollini, Donatto & Conte, 2008).

5 Trainingsplanung Mesozyklus

5.1 Mesozyklus

Tab. 8: Mesozyklus (Eigene Darstellung 2019)

Spezifisches Trainings-ziel	Kraftausdauer					
Zyklusdauer	Sechs Wochen					
Einheiten/ Woche	Zwei					
Organisationsform	Ganzkörpertraining/ Station					
Übungen/ Muskel	Zwei					
Sätze/ Übung	Zwei					
Satzpause	60 Sekunden					
Wiederholungszahl	20					
Bewegungstempo	2/0/2					
Übungen	Intensität					
	1.Woche	2.Woche	3.Woche	4.Woche	5.Woche	6.Woche
Langhantel-Kniebeuge	50 %	50 %	55 %	60 %	65 %	70 %
Kreuzheben mit der Lang-hantel	50 %	50 %	55 %	60 %	65 %	70 %
Military Press mit der Langhantel im Stehen	50 %	50 %	55 %	60 %	65 %	70 %
Latzug vertikal zum Na-cken am Kabelzug	50 %	50 %	55 %	60 %	65 %	70 %
45-Grad Beinpresse	50 %	50 %	55 %	60 %	65 %	70 %
Bankdrücken an der Mul-tipresse	50 %	50 %	55 %	60 %	65 %	70 %
Rudermaschine (enger/ neutraler Griff)	50 %	50 %	55 %	60 %	65 %	70 %

Butterfly Reverse an Gerät (neutraler Griff)	50 %	50 %	55 %	60 %	65 %	70 %

5.2 Planung des Mesozyklus

Im ersten Mesozyklus ist das Trainingsziel die Kraftausdauer. Hier beginnt die Person mit den ersten drei Freihantelübungen und geht über zu den maschinengeführten Übungen. Freihantelübungen haben aus der funktionellen Sicht viele Vorteile. Sie besitzen ein hohes Maß an alltags-, berufs- und sportspezifischen Bewegungsmuster. Dies kann der Person in seinem Berufsalltag als KFZ-Mechatroniker in den Bewegungen helfen. Laut Haff (2000) haben die Freihantelübungen einen höheren metabolischen Effekt als das Training an Maschinen, da hier mehr Muskelmasse arbeitet. Außerdem ist das Training an freien Gewichten für die Steigerung der Kraftfähigkeit effektiver (Stone, Collins, Plisk, Haff & Stone, 2000). Durch die Freihantelübungen kann die Person seine Ziele von Muskelaufbau und Kraftsteigerung schneller verwirklichen. Da die Person noch keinerlei Trainingserfahrung hat und das Training mit freien Gewichten koordinativ anspruchsvoll ist und durch die Ermüdung die Technik leidet, werden die nächsten Übungen an geführten Maschinen durchgeführt. Die Person wird bei den Übungen an den geführten Maschinen koordinativ wenig beansprucht, dadurch wird die Verletzungsgefahr durch vorgegebene Bewegungen minimiert. Zu Beginn werde die mehrgelenkigen Übungen durchgeführt, das hat einen Grund die Vorermüdung von Synergisten zu vermeiden (Bompa & Carrera, 2005, S. 69). Die Person beginnt das Training mit der Grundübung „Langhantel-Kniebeuge". Bei dieser Übung werden gezielt der musculus quadriceps femoris, der musculus biceps femoris (caput longum), der musculus semimembranosus, der musculus semitendinosus und der musculus gluteus maximus trainiert. Vorteil dieser Übung ist, dass nicht nur die komplette Beinpartie beansprucht wird, sondern auch die unterstützende Muskulaturen wie der musculus erector spinae und der musculus rectus abdominis. Als nächste Übung kommt das „Kreuzheben mit der Langhantel". Hier werden der musculus erector spinae, der musculus quadriceps femoris und der musculus gluteus maximus gezielt trainiert. Zudem kommen aber auch noch der musculus biceps femoris (caput longum), der musculus semitendionsus und der musculus semimembranosus, die während der Übung trainiert werden. Vorteil dieser Übung ist, dass hier die ganze Beinpartie und der Rumpf, die für die Stabilisierung verantwortlich ist, beansprucht wird. Die dritte Übung ist die „Military Press mit der Langhantel im Stehen", hier werden primär der musculus deltoideus pars acromialis, der deltoideus pars spinata und der deltoideus pars clavicularis trainiert. Zugleich aber auch die unterstützende Muskulatur wie der musculus trapezius, der musculus triceps brachii und der musculus serratus anterior. Vorteil für die Person ist, dass sie diese Bewegung in seinem Berufsalltag als KFZ-Mechatroniker oft macht und diese Muskulatur auch oft beansprucht wird. Die vierte Übung ist der „Latzug vertikal zum Nacken am Kabelzug". Hierbei wird primär der musculus latissimus dorsi trainiert. Diese Übung hat den großen Vorteil, dass auch noch viele unterstützende Muskulaturen wie der musculus teres major, der musculus trapezius pars ascendens, der musculus deltoideus pars spinata, der musculus biceps brachii, der musculus brachialis und der musculus brachioradialis trainiert werden. Mit dieser Übung hat die Person fast den gesamten Rücken abgedeckt und sie trainiert die Arme auch gleich mit. Da die Person die Umfänge der Beine vergrößern möchte, ist die nächste Übung die „45-Grad Beinpresse". Bei der Übung werden der musculus quadriceps femoris, der musculus glutaeus maximus, der musculus biceps femoris (caput longum), der musculus semitendinosus und der musculus semimembranosus trainiert. Nebenbei wird aber auch der musculus erector spinae beansprucht. Als nächste Übung kommt das „Bankdrücken an der Multipresse", hier werden primär der musculus pectoralis major und der musculus triceps brachii beansprucht. Da die Person die Bewegung an der Multipresse durchführt, wird bei dieser Übung keine hohe Koordination benötigt, hier kann sich die Person voll auf die Bewegung und Haltung konzentrieren. Die vorletzte Übung ist die „Rudermaschine (enger/ neutraler Griff)". Bei dieser Übung hat die Person den Vorteil, dass die komplette Rückenpartie abgedeckt ist und die Arme komplett trainiert werden. Dabei wird der musculus latissimus dorsi, der musculus teres major, der musculus trapezius pars transversa, die musculi rhomboidei, der musculus pars spinata, der musculus biceps brachii, der musculus brachialis und der musculus brachioradialis trainiert. Die Person schließt sein Ganzkörpertraining mit der Übung „Butterfly Reverse am Gerät (neutraler Griff)" ab. Bei dieser Übung wird der musculus latissimus dorsi, der musculus teres major, der musculus trapezius pars transversa, die musculi rhomboidei und der musculus deltoideus pars spinata beansprucht. Diese Übung ist die letzte, damit die Person das Training mit einer offenen Haltung verlassen kann.

6 Literaturrecherche

Tab. 9: Effekte des Krafttrainings bei Rückenbeschwerden (Eigene Darstellung 2019)

Titel	Krafttraining bei chronischen lumbalen Rückenschmerzen. Ergebnisse einer Längsschnittstudie	Effekte maschinengestützten Krafttrainings in der Behandlung chronischer Rückenschmerzen
Autor	Goebel S., Stephan A., Freiwald J.	Stephan A., Goebel S., Schmidtbleicher D.
Publizierungsdatum	2005	2011
Versuchspersonen	Die Studie beinhaltet 102 Versuchspersonen mit chronischen Rückenschmerzen seit mindestens 6 Monaten oder mehr als zwei akute Lumbalgien/Lumboischialgien pro Jahr innerhalb der letzten zwei Jahre mit jeweils mindestens einwöchiger Arbeitsunfähigkeit. Davon sind 33 Personen in der Kontrollgruppe	Die Studie beinhaltet 58 Versuchspersonen mit Rückeschmerzen mit dem Chronifizierungsgrad eins oder zwei. Die Person muss: - die Rückenschmerzen seit zwölf Wochen oder - mindestens zwei rezidivierende Schmerzschübe pro Jahr seit mind. zwei Jahren haben Die Person muss die Befähigung um selbständigen Krafttraining nach Einschätzung des Arztes besitzen. 16 Personen sind dabei in der Kontrollgruppe.
Versuchsablauf	Die Personen führten ein Jahr lang die Medizinische Kräftigungstherapie (MKT) an der MedX-Lumbar-Extension Therapiemaschine durch. Die Patienten-Einschätzung von Rückenschmerz, subjektiver Gesundheit (SF-16) und Funktionskapazität des Rückens (FFbH-R) von MKT-Teilnehmer und Patienten ohne systematische Intervention (KG) über einen Jahreslängenschnitt verglichen. Die MKT-Gruppe wurden in sechs MKT-Praxen aufgeteilt. Die KG wurden in einem betriebsärztlichen Zentrum sowie vier orthopädischen Praxen untergebracht.	Die Personen übten sechs Monate lang, sechs-mal monatlich eine halbstündiges maschinengestütztes Krafttraining aus. 16 der Personen waren in der Kontrollgruppe, die keinen Krafttraining durchführten. Die Messung der Schmerzen und Beeinträchtigungen wurde initial, nach drei und sechs Monaten die Schmerzskalen Pain Severity (PS), Effects of Pain (EP), eine numerische Ratingskala zur mittleren Schmerzintensität sowie der Oswestry Disability Index (ODI) eingesetzt.
Ergebnisse	Bei der subjektiven Gesundheit (SF-16) konnten in der MKT-Gruppe signifikante und praktisch bedeutsame positive Veränderungen nachgewiesen werden. In der	In der Trainingsgruppe waren 20 Personen schmerzfrei, vorher hatten neun mäßige/ starke Schmerzen und elf leichte/ sehr leichte Schmerzen. In der Kontrollgruppe wurden sechs Personen

	Kontrollgruppe hat man dieses nicht festgestellt. Bei der Funktionskapazität des Rückens (FFbH-R) hat man bei der MKT-Gruppe auch hier eine signifikante und praktisch bedeutsame positive Veränderung festgestellt. Bei der Kontrollgruppe war keine Veränderung nachzuweisen. Bei der MKT-Gruppe verringerte sich die Häufigkeit von Rückenschmerzen signifikant, bei der Kontrollgruppe kam es zu keinen signifikanten Veränderungen.	schmerzfrei, vorher berichteten drei über sehr leichte bzw. mäßige Schmerzen. In beiden Gruppen besserte sich PS nach sechs Monaten vergleichbar, jedoch ging es der Trainingsgruppe schon früher wieder besser. Nach klinischen relevanten Abweichungen bei der EP erreichten beide Gruppen nach drei Monaten. In der Trainingsgruppe gab es nach sechs Monaten weitere Verbesserungen, in der Kontrollgruppe nicht. Der ODI reduzierte sich bei der Trainingsgruppe mehr als bei der Kontrollgruppe. Bei der Lumbalen Extensionskraft nahm die Maximalkraft bei der Trainingsgruppe zu, bei der Kontrollgruppe ergaben sich keine Veränderungen
Schlussfolgerung	Die MKT kann als Verfahren für die Linderung der Schmerzen angesehen werden und soll verstärkt in den Fokus wissenschaftlich fundierter Untersuchungen gestellt und initiiert werden.	Krafttraining eignet sich für Personen mit chronischem Rückenschmerz im Anfangsstadium, um das Schmerzniveau zu senken, das Beeinträchtigungserleben zu reduzieren, körperliche Inaktivität zu überwinden und Kraft aufzubauen.

13

Literaturverzeichnis

Bompa, T. O. & Carrera, M. C. (2005). *Periodization training for sports. Science-based strength and conditioning plans for 20 sports* (2. ed.). Champaign, IL: Human Kinetics.

Eifler, C. (2000). *Krafttraining nach der ILB-Methode – Eine empirische Überprüfung der Trainingseffekte bei Anfängern und Fortgeschrittenen.* Unveröffentlichte Diplomarbeit. Universität des Saarlandes, Saarbrücken.

Eifler, C. (2013). *Empirische Überprüfung der Effekte verschiedener Ansätze zur Intensitätssteuerung im fitnessorientierten Krafttraining.* Dissertation. Universität des Saarlandes, Saarbrücken

Fröhlich, M., Schmidtbleicher, D. & Emrich, E. (2002b). *Intensität und Wiederholungszahl als Steuerungsparameter im Krafttraining – State of the art.* Zeitschrift für Physiotherapeuten, 54 (5), 745–750.

Goebel S., Stephan A., Freiwald J. (2005). *Krafttraining bei chronischen lumbalen Rückenschmerzen. Ergebnisse einer Längsschnittstudie, Jahrgang 56, Nr.11.* Zugriff am 16.10.2019. Verfügbar unter https://www.germanjournalsportsmedicine.com/fileadmin/content/archiv2005/heft11/388-392.pdf

Haff, G. G. (2000). *Roundtable discussion: machines versus free weights. Strength and Conditioning Journal, 22* (6), 18–30.

Prestes, J., Lima, C. de, Frollini, A. B., Donatto, F. F. & Conte, M. (2008). *Comparison of linear and reverse linear Periodization effects on maximal strength and body composition.* Journal of Strength and Conditioning Research, 23 (1), 266–274.

Stephan A., Goebel S., Schmidtbleicher D. (2011). *Effekte maschinengestützten Krafttrainings in der Behandlung chronischen Rückenschmerzes, Jahrgang 62, Nr. 3.* Zugriff am 16.10.2019. Verfügbar unter https://www.germanjournalsportsmedicine.com/fileadmin/content/archiv2011/heft03/pdf_3_2011/originalia_stephan_01.pdf

Stone, M. H., Collins, D., Plisk, S., Haff, G. G. & Stone, M. E. (2000). *Training principles: evaluation of modes and methods of resistance training. Strength and Conditioning Journal, 22* (3), 65–76.

Strack, A. & Eifler, C. (2005*). The individual lifting performance method (ILP) - a practical method for fitness- and recreational strength training.* In J. Gießing, M. Fröhlich & P. Preuss (Hrsg.), Current Results of Strength Training Research – An empirical and theoretical Approach (S. 153–163). Göttingen: Cuvillier.

Strack, A. (1999). *Methodik des modernen Krafttrainings im Fitness- und Gesundheitssport*. Zeitschrift Trainer, 3, 11–14.

Wirth, K., Aatzor, K. R. & Schmidtbleicher, D. (2007). *Veränderungen der Muskelmasse in Abhängigkeit von Trainingshäufigkeit und Leistungsniveau*. Deutsche Zeitschrift für Sportmedizin, 58 (6), 178–183.

Zigmann Z. (1926 – 2012). *50 Powerful and Memorable Zig Ziglar Quotes*. Zugriff am 19.10.2019. Verfügbar unter: https://www.theinspiringjournal.com/50-powerful-and-memorable-zig-ziglar-quotes/

Zimmer, M. (1999). *Entwicklung und Erprobung eines Mehrwiederholungstests zur Erfassung der Kraftleistung im Fitneß-Training*. Unveröffentlichte Diplomarbeit. Universität des Saarlandes, Saarbrücken.

Tabellenverzeichnis